BREVE CURSO DE FILOSOFIA ESPÍRITA

· BIBLIOTECA · **NAZARENO TOURINHO**

NAZARENO TOURINHO

BREVE CURSO DE FILOSOFIA ESPÍRITA

LACHÂTRE

© 2015 Nazareno Tourinho

Instituto Lachâtre
Caixa Postal 164 – CEP 12914-970
Bragança Paulista – SP
Telefone: 11 4063-5354
Site: www.lachatre.org.br
E-mail: editora@lachatre.org.br

Programação visual da capa:
GABRIEL MARQUES
WWW.CRIATIVACOMUNICACAO.COM.BR

Digitalização
LILIANE DE PAULA

Impressão
ASSAHI GRÁFICA E EDITORA LTDA.

1ª edição – Fevereiro de 2016
Do 1º ao 3.000º exemplar

A reprodução parcial ou total desta obra, por qualquer meio, somente será permitida com a autorização por escrito da editora. (Lei n° 9.610 de 19.02.1998)

Impresso no Brasil
Presita en Brazilo

CIP-BRASIL. CATALOGAÇÃO NA FONTE
Nazareno Tourinho, 1934 –
  Breve curso de filosofia espírita / Nazareno Tourinho – 1ª ed.
– Bragança Paulista, SP : Lachâtre, 2016.
  ISBN: 978-85-8291-047-4
  96 p.
  1.Espiritismo. 2.Filosofia espírita. I. Título.
      CDD 133.9   CDU 133.7

Sumário

Duas palavras, quase três..., 7
Prefácio, 9

Apostilha A
Aula I – Introdução, 15
A) A natureza essencial do espiritismo (filosofia), 15
B) O caráter suplementar do espiritismo (ciência e religião), 17

Apostilha B
Aula II – Definições básicas, 23
A) O que devemos entender por filosofia, ciência e religião, 23
B) Concepções filosóficas que nos interessa considerar: deísmo e teísmo; monismo e dualismo; panteísmo, pantiteísmo e panenteísmo, 27
C) Ilustração, 29

Apostilha C
Aula III – A filosofia em geral, 37
A) A importância do pensamento filosófico, 37
B) O desenvolvimento histórico da filosofia, 38
C) Ilustração, 42

Apostilha D
Aula IV – A filosofia espírita em particular – I, 55
A) Existência de Deus e seus atributos, 55
B) A criação divina, 59
C) Ilustração, 63

Apostilha E
Aula V – A filosofia espírita em particular – II, 71
D) O ser espiritual (ou ser-em-si), 71
E) O ser humano (neste mundo e em outros), 73

Apostilha F
Aula VI – A filosofia espírita em particular – III, 77
F) As principais leis da vida (evolução causa e efeito, reencarnação), 77
G) O princípio da solidariedade, 81
H) Ilustração, 83

Dados biográficos do autor, 93

Duas palavras, quase três...

Devidamente velho, tendo oitenta anos e um câncer de próstata na quarta fase de desenvolvimento, já com metástase, além de ostentar em tomografia cerebral computadorizada o começo de linda arteriosclerose, mas não obstante a isto, ainda sou bastante lúcido e feliz, porque um discípulo fiel do saudoso mestre Dr. Carlos Imbassahy nunca joga na lata de lixo sua ventura pessoal só por causa de um cancerzinho vagabundo!..., não obstante isto volto a dizer, ainda padeço do vício de escritor e assim resolvi transformar em pequeno livro as apostilhas de um breve curso de filosofia que formulei para ministrar na casa espírita que fundei há mais de vinte anos e ainda a mantenho com ajuda de companheiros mais novos, em minha terra, Belém do Pará.

Então tive a ideia de telefonar para meu editor e perguntar se ele teria interesse em publicar estas páginas doutrinárias. Como a resposta foi afirmativa, deixo por sua conta a tarefa de prefaciar o presente volume, com plena liberdade para expor discordância de qualquer dos seus pressupostos teóricos, e até com o direito de afirmar que não passo de um grande tolo.

Belém, 23/07/2014
Nazareno Tourinho

Prefácio

É possível que o movimento espírita brasileiro não se tenha dado conta de que estamos a encerrar um ciclo, período áureo em que verdadeiros estetas da pena elevaram as letras espíritas aos cimos da literatura nacional, com arte, sim, mas também com profunda análise do conteúdo doutrinário trazido pelo espiritismo. Findamos um período em que nos acostumamos a receber textos de profunda erudição intelectual envelopados por imensa capacidade estilística.

Peço de antemão desculpas, mas já reconheço como indesculpável negligência a minha tentativa de enumerar esses artistas que tanto conhecimento e prazer estético me trouxeram, já que certamente cometerei a injustiça do esquecimento. Mas, como operário da literatura, quero prestar meu preito a esses escritores que me motivaram e inspiraram na tarefa trazer ao público os livros espíritas. Carlos

Imbassahy, Herculano Pires, Luciano dos Anjos, Jorge Rizzini, Hermínio Miranda e Nazareno Tourinho é uma constelação da primeiríssima grandeza que orgulharia imensamente qualquer ramo da filosofia que buscasse defender. E eles dedicaram suas vidas à defesa da doutrina espírita. Questionaram, divergiram, refutaram... com que maestria, com que leveza!

Foi uma geração que trouxe maturidade ao movimento espírita, pois sabia refletir com profundidade; trouxe ousadia, pois não tinha medo de emitir opinião, mesmo sabendo que muito raramente se conta com a unanimidade do pensamento; geração que nos fez pensar por conta própria, porque sabia divergir e estruturava essa divergência em argumentos robustos; geração que sabia escrever, e como escrevia!...

Não foi por acaso que esse grupo de escol surgiu em nosso movimento, verdadeira infantaria que colocou a doutrina espírita como filosofia reconhecida e respeitada em nosso país; que não se eximiu quando teve de se dirigir ao grande público, seja num coreto em praça pública, no palco de algum teatro ou numa grande rede de televisão a transmitir em cadeia nacional. Foram os verdadeiros escudeiros da espiritualidade superior, num momento em que a mediunidade de Chico Xavier e de José Arigó colocou o espiritismo na ordem do dia dos debates nacionais, como jamais houvera acontecido.

Hoje, quando recebo um novo original para publicação do querido Nazareno Tourinho, sinto um nó na garganta, e me pergunto: será que algum dia ainda voltarei a receber para publicação algum texto de um autor deste gabarito?

Não sei quais os planos do mundo espiritual superior no prosseguimento da divulgação do espiritismo no Brasil e no mundo. Nas minhas três décadas de trabalho na divulgação do espiritismo, aprendi a confiar na espiritualidade superior. Foram inúmeras e indiscutíveis as provas que recebi de que 'eles' estão no leme e de que não passamos de marinheiros a levar a nau do espiritismo a cada vez mais portos. Mas claramente a estratégia atual de divulgação do espiritismo concebida pelos planos superiores já é outra.

Vou continuar a publicar, enquanto 'eles' quiserem, o textos doutrinários espíritas, seja na forma de dissertação, tese, conto, crônica, romance, teatro... mas confesso publicamente que não está sendo fácil me acostumar com a ausência física desses luminares.

Ao público espírita apresento uma obra que, a primeira vista, pode parecer singela, mas que é apenas muito sintética. Cada pensamento de Nazareno Tourinho neste *Breve curso de filosofia espírita* nos permite horas de digressão ou discussão, com a profundidade que a doutrina espírita merece e exige.

Nazareno, muitíssimo obrigado.

Aimorés (MG), 01/01/2016
Alexandre Rocha

Apostilha A

Aula i – Introdução

A) A natureza essencial do espiritismo (filosofia)

1. O espiritismo, pela sua natureza essencial, é uma filosofia. Allan Kardec, que o codificou, tanto o conceitua como filosofia, quanto o classifica como tal, colocando na folha de frente de sua primeira e mais importante obra, *O livro dos espíritos*, em cima do título, estas palavras: *filosofia espiritualista*. Mais adiante, antes de iniciar o capítulo I do referido volume, completando a "Introdução" ao mesmo com texto intitulado "Prolegômenos", o Codificador conceitua a doutrina espírita, definindo-a como *"uma filosofia racional, isenta do espírito de sistema"*.

2. A discussão tediosa e estéril que existe em nosso meio doutrinário a respeito do assunto resulta, lamentavelmente, de posições extremadas

de companheiros ainda dominados por tendências de outras encarnações, intelectualísticas e místicas.

3. Tais companheiros, no geral detentores de grande cultura, universitária ou bíblica, defendem suas posturas ideológicas recorrendo à artifícios contrários às leis do pensamento correto consagradas pela *lógica*. Eis alguns exemplos das *falácias* mais empregadas por esses confrades:

a) Falácia do acidente ou do acidente inverso

Escolhem uma frase de autoria de Allan Kardec que se aplica a uma questão geral e a aplicam em sentido particular (ou fazem o oposto). A partir daí, apoiados em uma premissa falsa, estruturam suas ilações, alterando ou adulterando o sentido verdadeiro da doutrina espírita.

Vejamos uma ilustração desta técnica sofística: eles isolam uma frase em que Kardec diz que o espiritismo marcha ao lado do materialismo e com base em tal frase isolada tentam passar a idéia de que o espiritismo aprova a filosofia materialista.

b) Falácia das figuras de retórica

Não contendo a linguagem kardequiana hipérboles, metáforas ou alegorias, exploram a ambiguidade de certos termos, ora comprimindo-lhes a amplitude, ora dando-lhes maior elasticidade.

Vejamos uma ilustração desta técnica sofística: eles situam a palavra RELIGIÃO como sinônimo de SEITA, ou situam a palavra CIÊNCIA como sinônimo de CONHECIMENTO TOTALIZANTE, desprezando as várias significações desses termos contidas nos dicionários.

c) Falácia da petição de princípio
Possuindo a nossa doutrina, ao lado dc caráter religioso, um inarredável aspecto científico, agarram-se em citações de ilustres homens de ciência, cuja produção intelectual, em nível filosófico, nada tem a ver com o espiritismo.

d) Falácia do *ad hominem*
Atitude oposta, que tenta desclassificar as idéias de alguém com base em sua biografia pessoal.

B) O caráter suplementar do espiritismo (ciência e religião)

4. Em verdade o espiritismo é uma filosofia que tem fundamentos científicos e consequências religiosas.

5. O fato indiscutível de que o espiritismo é uma filosofia não obscurece, ao contrário, fortalece os seus aspectos científico e religioso.

Podemos figurar o espiritismo como uma *aeronave* transportando seres humanos pelos espaços do conhecimento e da virtude a fim de que eles, saídos do aeroporto do sofrimento, desembarquem em uma pista venturosa.

A ciência representa uma asa dessa aeronave, a religião representa a outra asa, devendo as duas permanecerem equilibradas, seguras pelo corpo central do avião, onde se abrigam os passageiros e onde um leme, o bom-senso, garante a rota certa. O corpo central é a filosofia.

6. Neste curso vamos estudar apenas o corpo central do espiritismo, a filosofia, o que não significa desprezo pelas suas asas de ciência e religião, sem as quais ele não teria decolado nem poderia continuar voando sobre as nuvens turbulentas da cultura humana.

7. De algum modo na prática, conquanto seja uma doutrina filosófica, o espiritismo é uma ciência que trata da natureza, origem e destino dos espíritos, bem como de suas relações com o mundo corporal. O seu Codificador declarou isso ao fim do "Preâmbulo" do livro *O que é o espiritismo*.

8. Também reconhecemos que na prática o espiritismo é a verdadeira religião cristã, aquela que Jesus viveu e ensinou, dizendo que amar a Deus sobre todas as coisas e ao próximo como a si mes-

mo resume toda a lei e os profetas, o que mostra a inutilidade de cultos, ritos e cerimônias sacramentais.

Acontece que igualmente Kardec, depois de fazer esta outra declaração:

"O espiritismo é forte porque assenta sobre as próprias bases da religião", sentenciou:

> Falsíssima idéia formaria do espiritismo quem julgasse que a sua força lhe vem das práticas das manifestações materiais e que, portanto, obstando-se a tais manifestações, se lhe terá minado a base. Sua força está na sua filosofia, no apelo que dirige à razão, ao bom-senso. (*O livro dos espíritos*, capítulo final intitulado "Conclusão", penúltimo parágrafo do item V e primeiro parágrafo do item VI.)

9. O espiritismo, pois, acima de tudo, é uma *filosofia*, e foi como *filosofia* que Allan Kardec o classificou e o conceituou, ao iniciar sua obra de Codificação, conforme já vimos na abertura desta apostilha.

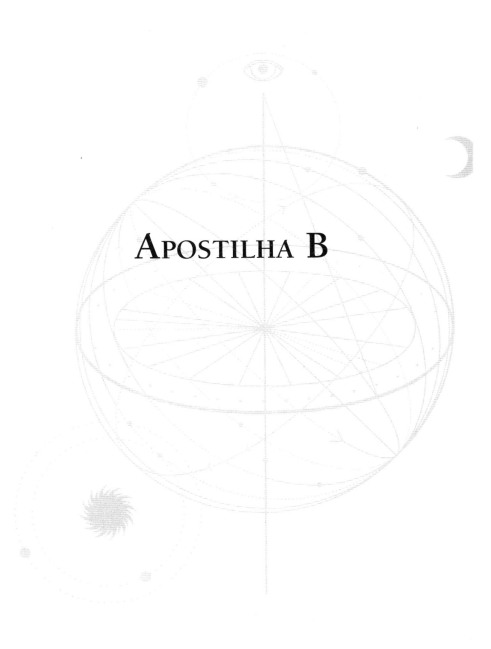

APOSTILHA B

Aula II – Definições básicas

A) O que devemos entender por filosofia, ciência e religião

1. Na aula anterior vimos que o espiritismo, em sua essencialidade, como modo especial de pensar a vida, é uma filosofia e não *uma* ciência ou *uma* religião, embora tenha, em sua expressão suplementar, tanto caráter científico quanto religioso.

2. Classificando o espiritismo simplesmente como *uma* religião, e não *uma* filosofia, conforme o fez Kardec, estamos transformando-o em seita, já que existem outras religiões. Classificando o espiritismo como meramente *uma* ciência e não *uma* filosofia, estamos reduzindo a sua importância, já que toda ciência se limita a estudar determinada classe de fenômenos naturais.

3. O que devemos entender por *filosofia, ciência* e *religião*? Evidentemente, aquilo que consta nos dicionários. Vejamos o que nos diz o *Novo dicionário da língua portuguesa*, de Aurélio Buarque de Holanda Ferreira, da Academia Brasileira de Letras e da Academia Brasileira de Filologia. Nos verbetes correspondentes às referidas palavras, lemos:

> Filosofia. (Do gr. *philosophia*, "amor à sabedoria", pelo lat. *philosophia*.) S. F. 1. Estudo que se caracteriza pela intenção de ampliar incessantemente a compreensão da realidade, no sentido de apreendê-la na sua totalidade, quer pela busca da realidade capaz de abranger todas as outras, o Ser (ora "realidade suprema", ora "causa primeira", ora "fim último", ora "absoluto", "espírito", "matéria", etc., etc.), quer pela definição do instrumento capaz de apreender a realidade, o pensamento (as respostas às perguntas: que é a razão? o conhecimento? a consciência? a reflexão? que é explicar? provar? que é uma causa? um fundamento? uma lei? um princípio? etc., etc.), tornando-se o homem tema inevitável de consideração. Ao longo da sua história, em razão da preeminência que cada filósofo dê a qualquer um daqueles temas, o pensamento filosófico vem-se

cristalizando em sistemas, cada um deles uma nova definição da filosofia. 2. Conjunto de estudos ou de considerações que tendem a reunir uma ordem determinada de conhecimentos...

Ciência. (Do lat. *scientia.*) S. F. *1.* Conhecimento (3). *2.* Saber que se adquire pela leitura e meditação, instrução, erudição, sabedoria. *3.* Conjunto organizado de conhecimentos relativos a um determinado objeto, especialmente os obtidos mediante a observação, a experiência dos fatos e um método próprio: *ciências históricas, ciências físicas. 4.* Soma de conhecimentos práticos que servem a um determinado fim: a *ciência da vida. 5.* A soma dos conhecimentos humanos considerados em conjunto: *os progressos da ciência em nossos dias. 6. Filos.* Processo pelo qual o homem se relaciona com a natureza visando a dominação dela em seu próprio benefício. (Atualmente este processo se configura na determinação segundo um método e na expressão em linguagem matemática de leis em que se podem ordenar os fenômenos naturais, do que resulta a possibilidade de, com rigor, classificá-los e controlá-los.) *Ciência cristã... Ciência econômica...*

(Seguem-se numerosos exemplos até chegar em "ciências sociais", onde termina o verbete.)

> *Religião.* (Do lat. *religione.*) S. F. *1.* Crença na existência de uma força ou forças sobrenaturais, considerada(s) como criadora(s) do universo, e que como tal deve(m) ser adorada(s) e obedecida(s). *2.* A manifestação de tal crença por meio de doutrina e ritual próprios, que envolvem, em geral, preceitos éticos. *3. Restr.* Virtude do homem que... *4.* Reverência... *5.* Crença... *6.* Crença... *7.* Vida... *8.* Qualquer filiação a um sistema específico de pensamento ou crença que envolve uma posição filosófica, ética, metafísica etc.

4. Por estas três definições inquestionáveis, devemos entender a filosofia como *"estudo que se caracteriza pela intenção de ampliar incessantemente a compreensão da realidade, no sentido de apreendê-la na sua totalidade"*; a ciência como *"conjunto organizado de conhecimentos relativos a um determinado objeto"*; e a religião como *"crença na existência de uma força ou forças sobrenaturais, considerada(s) como criadora(s) do universo, e que como tal deve(m) ser adorada(s) e obedecida(s)"*.

O espiritismo, portanto, é uma filosofia acima de tudo, porque busca compreender a realidade da vida na sua totalidade.

B) Concepções filosóficas que nos interessa considerar: deísmo e teísmo; monismo e dualismo; panteísmo, pantiteísmo e panenteísmo

5. Como filosofia a doutrina espírita é *teísta* e não *deísta*.
Eis a definição destas duas palavras dada pelo mesmo dicionário:

> *Teísmo.* Doutrina que admite a existência de um deus pessoal, causa do mundo.
>
> *Deísmo.* Sistema ou atitude dos que, rejeitando toda espécie de revelação divina, e portanto a autoridade de qualquer Igreja, aceita, todavia, a existência de um Deus, destituído de atributos morais e intelectuais, e que poderá ou não haver influído na criação do Universo.

Ora, como veremos adiante, a doutrina espírita admite a existência de um Deus *pessoal*, embora não *antropomórfico*, isto é, *semelhante ao homem*, vendo em Deus a *causa do mundo* e atribuindo a Ele qualidades morais, em graus de infinita perfeição (amor, misericórdia etc.), e intelectuais (inteligência suprema, vontade soberana etc.).

Para nós, espíritas, Deus é um *ser* e não uma *coisa*. Antes de ser imanente à natureza, Ele é transcendente a ela. Deus não está apenas em tudo, Deus está acima de tudo, porque tudo é obra sua.

6. A doutrina espírita é DUALISTA e não MONISTA, havendo consequentemente um insanável conflito entre a filosofia de Pietro Ubaldi e a filosofia codificada por Allan Kardec.

Segundo ainda o referido dicionário, o DUALISMO é a "doutrina que, em qualquer ordem de idéias, admite a existência de dois princípios irredutíveis", como a alma e o corpo, o bem e o mal, o espírito e a matéria, e o MONISMO é a "doutrina filosófica segundo a qual o conjunto das coisas pode ser reduzido à unidade, quer do ponto de vista da sua substância, quer do ponto de vista das leis pelas quais o universo se ordena".

7. O monismo favorece o PANTEÍSMO (doutrina filosófica "segundo a qual só o mundo é real, sendo Deus a soma de tudo o que existe"), o PANTITEÍSMO ("sistema filosófico que considera e vê Deus em tudo") e o PANENTEÍSMO ("sistema filosófico e teológico que vê todos os seres em Deus").

8. Voltaremos a este assunto na aula IV, de acordo com o programa do curso.

C) Ilustração

Assinalamos, no item 6 desta Apostilha, a existência de *um insanável conflito entre a filosofia de Pietro Ubaldi e a codificada por Allan Kardec.*

Tal conflito não se deve só ao fato de que a filosofia de Pietro Ubaldi é monista e não dualista, mas também decorre do detalhe de ser ela, no fundo, uma moderna e sofisticada versão da doutrina roustainguista, que produziu o primeiro cisma na história do espiritismo, sobre a qual adiante daremos explicações, doutrina que tenta implantar em nossos meios ideológicos ensinamentos do catolicismo, como a teoria da *queda* dos espíritos, contrária à lei da evolução espiritual.

Como mais à frente, em outra aula, iremos abordar este assunto, vamos aqui nos limitar a oferecer ligeiros informes sobre Pietro Ubaldi e seu pensamento.

1. A obra do citado autor, um italiano de larga cultura científica, mas fascinado pelos dogmas da igreja romana, que insinuava ser médium de Jesus, ouvindo a "sua Voz", e que acabou vindo morar no Brasil, depois que a Federação Espírita Brasileira publicou seu livro mais famoso, *A grande síntese.* A obra do citado autor, dizíamos, e a sua personalidade têm curiosas semelhanças com a obra e a personalidade de Jean-Baptiste Roustaing, que

igualmente quis desprestigiar a Codificação de Allan Kardec.

2. No periódico de nome *Vanguarda*, editado em São Paulo pelo *Instituto Pietro Ubaldi* e distribuído gratuitamente com regularidade nos arraiais espíritas, edição de n° 23, lê-se que o mencionado autor trouxe para nós "*um tratado teológico, único no mundo*", o qual tem como objetivo estabelecer "*a diferença entre a criação dos espíritos puros, instantânea*", e "*a nossa origem neste mundo, da segunda criação contínua*".

Já se vê por aí como essa gente é vaidosa e insensata. Julga ser portadora de um tratado teológico *único no mundo* e atribui a Deus a injustiça de gerar as suas criaturas de dois modos diferentes, privilegiando as primeiras sobre as demais.

3. Declara ainda a mesma edição do periódico *Vanguarda*:

> Outra revelação de A grande síntese é o seu monismo. Evoluímos do politeísmo para o monoteísmo, isto é, a fé num só Deus (ainda antropomórfico), pois realiza sua criação fora de si, e agora chegamos ao monismo, isto é, no conceito de um Deus que é a criação.

Para a filosofia espírita, a criação é obra de Deus e não o próprio Deus.

4. No VI Congresso Espírita Pan-Americano, promovido em Buenos Aires, Pietro Ubaldi pretendeu que a filosofia codificada por Allan Kardec fosse substituída pela sua, sob alegação de "pontos vazios" no pensamento espírita. Para ele o espiritismo teria estagnado na tese da reencarnação e no trato com os fenômenos mediúnicos, por não possuir idéias capazes de ofertar aos homens *"uma teologia que esclareça as primeiras origens do universo e o plano geral da criação"*.

Quem não acreditar nisso que estamos informando procure obter, com a Federação Espírita do Paraná, cópia do substancioso ensaio de Humberto Mariotti, intitulado *Codificação espírita superada?*, traduzido para o português por Conrado Ferrari e publicado em brochura no ano de 1964, pela referida entidade.

A teoria da *queda* do espírito, desabonadora da lei de evolução espiritual que a filosofia espírita assume, é defendida com desenvoltura por Pietro Ubaldi no livro *Deus e o universo* (ele escreveu mais de vinte volumes). Henrique Rodrigues, cientista espírita de Minas Gerais, assinou na *Revista Internacional de Espiritismo*, de Matão, São Paulo, em 1956, uma série de artigos criticando judiciosamente o tomo *Deus e o universo*. Eis alguns dos seus argumentos:

> Se aceitarmos a tese do universo oriundo da "queda dos anjos", o absurdo do *retrocesso*, da *involução*, da perda de individualização será erigido como lei, e teremos que aceitar a *sequência do orgânico para o inorgânico*. [Artigo I]
>
> Não é justo que o professor insinue que a resistência a tais princípios possa partir de antipatias ao catolicismo, como sugere, ao dizer, na página 227 do *Deus e o universo*:
> "Se a alguém, por preconceito de grupo ou seita, pode desagradar a teoria da queda dos anjos, apenas porque ela é admitida pela teologia católica"... [Mesmo Artigo I]
> "*Embora a destruição de um espírito seja possível*, a possibilidade de semelhante destruição é praticamente apenas teórica. É verdade que o sistema é construído de maneira que possa chegar até aí, mas não está na lógica das coisas que um espírito se deixe arrastar até esse extremo". Eis o que diz o *Deus e o universo*, na página 190. Parece que o professor diz que diz, mas não diz. Ora, o professor diz que existe vida na pedra (*Nourés*, p. 252) e nas células (consciência celu-

lar). Será lícito entendermos que essa vida e essa consciência que hoje anima uma célula, uma pedra, um átomo, já foi um anjo, um gênio, um burguês, um animal, uma planta, e de revolta em revolta retrogradou ao reino mineral? [Artigo II]

Mas qual a liturgia aceita pelo professor? Sente ele a pureza de um templo budista? Extasia-se ante a Caaba dos maometanos? E os profundos simbolismos totêmicos ou ritualistas de outras seitas? Poderiam fazê-lo chorar ou extasiar-se? Não! Só os templos católicos, só as liturgias das missas e de outros simbolismos da igreja de Roma! Citemos o professor para abonar o que dizemos:

"Ora, em nada encontraremos tão poderosamente reconstruída, atual e presente no seu sentir mais vivido e profundo a substância espiritual desse momento, *como no sacrifício da missa*". (*Ascensões humanas*, p. 86) O referido texto ainda diz: "Hoje, faltando a sensibilidade necessária para a percepção, *para a admissão* de um fato que está além da razão, *como seja o da presença de Cristo na eucaristia*, não há outra via que a da fé". Sempre que alguém quer *impingir* um dogma apela para a limitação da razão. [Artigo II]

Cremos não precisar dizer mais nada sobre os dislates e disparates filosóficos de Pietro Ubaldi, autor católico que se infiltrou em nosso movimento doutrinário. Quanto às tolices e pieguices do seu predecessor Jean-Baptiste Roustaing, forneceremos elucidativos informes na *Ilustração* da última aula do presente curso.

Apostila C

Aula III – A filosofia em geral

A) A importância do pensamento filosófico

1. Antes de avançarmos na apreciação da filosofia espírita, convém termos uma ligeira noção da filosofia em geral sem qualquer pretensão culturalista, pois o objetivo do nosso curso é autolimitado ao bom entendimento da doutrina que abraçamos.

2. A filosofia tem sido, através dos tempos, tanto respeitada quanto ironizada. Carlyle a conceituava como "renovado esforço para transcender a esfera dos hábitos cegos" e Pascal certa vez a considerou como "rota de muitos caminhos de lugar nenhum a nada".

3. Apesar de tudo, mesmo vivendo uma época predominantemente científica e tecnológica, devemos ter a filosofia em alta conta, porque ela é a expressão máxima do pensamento humano em

busca de verdades transcendentes, capazes de alargar os horizontes da ciência e da religião.

B) O desenvolvimento histórico da filosofia.

4. Alguns autores situam o desenvolvimento do pensamento filosófico em quatro fases históricas:

ANTIGUIDADE CLÁSSICA: Termina em 395 d.C., ano da morte de Teodósio I (Flávio), imperador romano eminente com grande espírito de humanidade, cuja atuação contribuiu para o triunfo do cristianismo sobre o paganismo.

IDADE MÉDIA: De 395 d.C. até 1453, ano da tomada de Constantinopla pelos turcos. Uma "noite de mil anos", em que a igreja católica, arrimada no pressuposto de que "os fins justificam os meios", teoria da 'santa' inquisição, amordaçou a liberdade do ser humano, queimando em praça pública quem tivesse a coragem de pensar em desacordo com os seus dogmas.

IDADE MODERNA: De 1453 a 1789, ano da Revolução Francesa, fase do renascimento da cultura, em que pontificaram as idéias filosóficas de Francis Bacon (*Novum organum*, 1620) e René Descartes (*Discurso sobre o método de bem guiar a razão e buscar a verdade nas ciências*, 1637).

Período contemporâneo: O que ainda estamos vivendo, evidentemente, também chamado de pós-modernismo.

5. Com certa dose de humor irreverente, resumimos assim a história do pensamento filosófico que sucedeu ao pensamento mágico, mitológico, dos primeiros homens: tudo começou com Tales de Mileto perdendo tempo para provar que a água era o princípio de todas as coisas. Anaximandro seguiu-lhe os passos querendo demonstrar que o indeterminado, e não a água, dera origem ao mundo e à natureza. Anaxímenes idem, ensinando que tudo nascera do ar. Heráclito palmilhou a mesma trilha de preocupação naturalista, atribuindo ao fogo a origem de tudo. Então apareceu o grande Sócrates, centrando a filosofia no homem e não na natureza, e criando os fundamentos da ética perante os sofistas do seu tempo. Platão documentou o pensamento de Sócrates, daí Allan Kardec considerar os dois como precursores, do cristianismo e do espiritismo.

6. Muitos outros pensadores se destacaram na história da filosofia, durante a Antiguidade Clássica, como Aristóteles, fundando o intelectualismo; Pitágoras, postulando que os números regem o mundo; Parmênides, pensando o ser como algo pleno ("o que é, é e não pode não-ser"); Demócrito, com o seu atomismo, etc.

Nos séculos mais recentes, destacaram-se, entre numerosos outros, Espinosa, Schopenhauer, Nietzsche, Kant etc. Kant nos interessa especialmente porque não poucos espíritas letrados afirmam ser a nossa filosofia cartesiana, o que é exato apenas em parte, não inteiramente. Examinemos a seguir este delicado assunto.

7. Rene Descartes (1596-1650) fez-se o Pai da filosofia moderna subjetiva e idealista (*Cogito, ergo sum – Penso, logo existo*), assim como Francis Bacon fez-se o Pai da filosofia moderna objetiva e realista. Com o seu *Discurso do método*, Descartes resgatou a credibilidade do pensamento filosófico, através da razão purificada capaz de produzir idéias *claras* e *distintas*, com as quais propôs para a técnica ou arte de pensar um lúcido caminho crítico composto de quatro regras que envolvem os critérios da *evidência* valorizada pela dúvida sistemática, da *análise* partindo dos elementos mais simples para os mais complexos, da *enumeração* e da *síntese* deduzida pela lógica. Todavia, embora admitindo a existência de Deus, Descartes estruturou uma filosofia tão utilitarista quanto a de Bacon, alheia às questões espirituais, que incentivou sobretudo o materialismo científico.

Já Emanuel Kant (1724-1804) foi por excelência um pensador idealista de linhagem platônica no apogeu do iluminismo agnóstico, para não dizer materialista, e com a sua obra, na qual se destacam a *Crítica da razão pura* e a *Crítica da razão prática*, recompôs a metafísica destroçada pelo racionalismo, insistindo em que não conhecemos a coisa-em-si, conhecemos tão só o nosso modo de percebê-la. Foi mais longe, defendendo estas opiniões interessantíssimas do ponto de vista espírita:

a) a de que a religião deve se apoiar na moral e não na teologia, derivando do interior do ser pela intuição e pela percepção diretas;

b) a de que temos de encontrar uma ética universal e necessária;

c) a de que os princípios de moral apriorísticos podem ser tão absolutos e certos quanto os da matemática;

d) a de que o senso moral é inato e não produzido pela experiência sensorial;

e) a de que "a moralidade não é propriamente a doutrina de como podemos nos tornar felizes, e sim de como podemos nos tornar dignos da felicidade";

f) a de que existe o livre arbítrio individual e, se não podemos provar nossa liberdade íntima pela razão teorética, podemos senti-la na crise da escolha moral;

g) a de que este senso moral vale como prova da imortalidade da alma e da existência de Deus, também impossível de demonstrar;

h) a de que as religiões, quaisquer que sejam, só têm valor pelos efeitos morais, e não por rituais ou cerimônias;

i) a de que Jesus, em sua imensa sabedoria, foi mal interpretado pelos padres;

j) a de que a evolução é um imperativo da vida;

k) a de que todos os planetas foram ou serão um dia habitados;

l) a de que devemos buscar a felicidade para os outros, mas, para nós, devemos buscar acima de tudo a perfeição.

C) Ilustração

A seguir, breves apontamentos sobre os filósofos cujos nomes constam desta Apostilha, os quais serão enumerados pela ordem de citação, não de importância.

CARLYLE (1795-1881, Tomás)
Historiador e filósofo inglês. Foi, na verdade, mais um historiador do que um filósofo e ficou conhecido como autor de uma *História da revolução francesa* e de um volume famoso, *Os heróis e o culto dos heróis*.

Introduziu na Inglaterra as idéias de Goethe e afirmou que a história é feita dos grandes homens.

PASCAL (1623-1662, Brás)

Matemático, físico e filósofo francês que não chegou a fazer escola, considerado gênio, aos doze anos de idade teria descoberto, sem se socorrer de livro algum, as primeiras proposições da geometria euclidiana; aos dezesseis escreveu um *Tratado das secções cônicas* que causou espanto a Descartes; aos dezoito inventou uma interessante máquina de calcular. Depois descobriu umas poucas leis da física.

Vítima de grave acidente que o deixou com a saúde precária, influenciado por uma irmã, entrou para a vida religiosa, passando a viver no ascetismo. Morreu cedo, aos trinta e nove anos, antes de terminar uma apologia da religião cristã, cujos fragmentos foram publicados com o título de *Pensamentos*.

BACON (1561-1626, Francis)

Político e filósofo inglês. Nascido de família ilustre, exerceu a advocacia, foi parlamentar, procurador-geral da coroa e ministro da justiça. Teve uma vida social de altos e baixos.

Escreveu profusamente. Do ponto de vista ético sua filosofia lembra a de Maquiavel. A mais significativa das obras que produziu, *Novum organum*, não chega a criar, mas propõe de maneira extraordinariamente talentosa o método indutivo para a compreensão da realidade.

Descartes (1596-1650, René)
Matemático e filósofo francês. De temperamento inquieto fez-se soldado, morou duas décadas na Holanda, onde se sentiu ameaçado devido às suas opiniões. Transferiu-se para a Suécia, lá morrendo de pneumonia.

Desprezou todos os conhecimentos da sua época e da antiguidade, só admitindo como idéias absolutamente corretas as do pensamento e da extensão. Estabeleceu dois princípios de mecânica que a ciência moderna confirma. Primeiro: *é constante no mundo a mesma quantidade de movimento*. Segundo: *a natureza adota sempre as vias mais simples*.

Foi o primeiro que enunciou as leis da refração. Celebrizou-se pelo *Discurso do método*.

Tales de Mileto (625-558 a.C.)
Considerado como o primeiro filósofo, foi também matemático, geômetra, político e comerciante. Viajou muito, visitando o Egito e provavelmente a Babilônia, onde existia uma famosa escola de astronomia (a primeira fase da filosofia é cosmológica; os primeiros filósofos, da escola jônica, foram o que hoje nós chamamos de *físicos*). Eles queriam negar que a origem de tudo estivesse nos deuses, crença que alimentava o pensamento mágico, não racional, criador da mitologia.

Com tal preocupação, Tales de Mileto ensinava que a água era o elemento primordial que dera origem a todas as coisas existentes.

ANAXIMANDRO *(610-546 a.C)*
Para este filósofo o universo era feito de água, ar, terra, e fogo, porém havia nele um elemento fundamental que não poderia ser *determinado*, ao qual chamou de '*Ápeiron*'. Este elemento, originário de tudo o que existe, para Anaximandro era um *indeterminado-infinito*.

ANAXÍMENES *(585-528 a.C.)*
De acordo com a nossa tradição, que coloca o berço da cultura na Grécia antiga, este foi o terceiro filosofo. Afirmou que o *ar* dá origem a tudo. Para ele, as partículas da matéria eram formadas de ar e um movimento de condensação e rarefação incessante, sempre antagônico, resultando disso os corpos mais sólidos e mais flácidos. O *ar* daria vida a todo o universo, sendo a alma de tudo o que existe.

Como se vê, os primeiros filósofos eram físicos, materialistas.

HERÁCLITO *(540-475 a.C.)*
Para este filósofo só havia uma lei na natureza, a lei da mudança. Estaria tudo em permanente mudança e contradição. É atribuída a ele esta fra-

se: *Na natureza tudo se transforma, menos a lei da transformação.*

Por ter associado a contradição à mudança, Heráclito é tido por alguns dos seus admiradores modernos como o criador de uma visão dialética da vida.

ARISTÓTELES *(384-322 a.C.)*

Este filósofo foi discípulo de Platão durante vinte anos e é considerado como o primeiro historiador da filosofia. Confirmando a regra geral dos alunos rebelarem-se contra os mestres, ele tentou recuperar o realismo como método de conhecimento, criticando o idealismo platônico.

Sua contribuição é relevante no processo evolutivo do pensamento humano, porque, na antiguidade clássica, sistematizou o conhecimento, estruturou a lógica em uma obra inteligente (*Organon*), explicitou a causalidade e dividiu as ciências em *teoréticas, práticas* e *produtivas*.

Definiu o homem como "um animal político".

Criou algumas categorias de compreensão da realidade: *potência* e *ato* (exemplo: a semente e a árvore), *matéria* e *forma, motor* e *movido* (conceituou Deus como "motor imóvel" e "ato puro", criador de todo movimento).

Sócrates (469-399 a.C.)
Foi considerado como o maior sábio em seu tempo. Com ele a filosofia deixou de ser naturalista para centralizar-se no homem. "Conhece-te a ti mesmo", ensinava, e ensinava gratuitamente, de maneira espontânea e pessoal, direta, nada escrevendo (Platão e Xenofonte documentaram suas idéias).
O cerne da sua doutrina consiste na admissão da preexistência de idéias e verdades dentro de nós desde sempre. Acreditando em Deus, na imortalidade da alma e na reencarnação, defendia a tese de que aprender, de certa forma, é recordar. Seu método de ensino, chamado de *maiêutica*, era fazer perguntas sucessivas e dirigidas no sentido de levar os alunos a rememorarem conhecimentos adquiridos em existências anteriores.
A vida de Sócrates foi o mais impressionante exemplo de dignidade que se conhece na história da filosofia. Condenado à morte sob a acusação de corromper com as suas idéias a juventude e desacreditar os deuses, ele se negou a fugir da prisão, como queriam os seus discípulos, preferindo cumprir a pena para não trair os seus princípios morais (foi forçado a beber *cicuta*, veneno, e desencarnou serenamente).
Sua humildade era comovente. Sempre dizia: "*a única coisa que sei é que nada sei*".

PLATÃO *(428-347 a.C.)*

Discípulo de Sócrates e documentador maior do seu pensamento.

Adotando o *diálogo* como método de ensino, ensinou o absoluto *idealismo*. Para ele, somente as idéias existiam de fato, sendo tudo o mais fenômenos passageiros, e sendo a matéria uma espécie de degradação e *cópia* do mundo das idéias.

Quando Sócrates morreu, Platão tinha vinte e oito anos. A partir de então, viajou muito, saindo de Atenas, havendo quem diga que esteve na Judéia.

Sua obra mais conhecida, ou mais popular, é *A república*. Nela Platão tenta conceber uma cidade ideal, de perfeição, expondo admiráveis princípios de ética, pedagogia, metafísica, teologia, psicologia e política, bem como uma original teoria da arte.

PITÁGORAS *(570-496 a.C.)*

Construiu uma filosofia eclética, mesclando idéias científicas com idéias religiosas e morais. A parte mais saliente da sua construção teórica, porém, liga-se à matemática. Para ele os números constituem e ordenam a realidade existente.

É pena que tenha misturado a sua doutrina com fantasias e adivinhações astrológicas. Ensinava a *metempsicose*, que é a teoria da transmigração da alma em vários corpos, inclusive em corpos de animais. Pregava uma moral rigorosa, como meio de a alma se libertar do ciclo dos renascimentos, e acreditava que neste mundo de coisas perecíveis estamos exilados das harmonias celestes. De certa forma Pitágoras foi precursor de Platão, pois tentou encontrar uma substância, *ideal*, única, que dessa origem a tudo, sendo contrário ao materialismo dos seus colegas 'físicos'.

PARMÊNIDES *(540-450 a.C.)*
Principal filósofo da escola eleata. Para ele o ser era eterno, infinito, imutável e imóvel. Também para ele as coisas aumentam em quantidade, repetem-se indefinidamente, porém, em essência não mudam. A natureza, substancialmente, seria sempre igual.

Parmênides inaugura uma fase em que a filosofia passa a lidar mais com conceitos do que uma visão materialista da natureza, do universo e do homem. Para ele somente é verdadeiro aquilo que é produzido pelo pensamento, já que os sentidos podem nos enganar.

DEMÓCRITO *(460-370 a.C.)*
Acreditava que tudo está dividido em minúsculas partículas, as quais denominou de '*átomos*', explicando que as mesmas se diferençavam pela forma, ordem e posição, encontrando-se em eterno movimento. Da combinação de tais partículas resultaria o mundo e os corpos.

Pretendeu Demócrito uma primeira divisão das ciências, separando a lógica da física. A primeira, para buscar o conhecimento da verdade; a segunda, para estudar a composição material dos corpos.

Espinosa (1632-1677, Baruch)

Filósofo holandês. De origem judaica, adquiriu extensos conhecimentos do judaísmo, pondo em dúvida os seus princípios, pelo que foi excomungado em uma sinagoga. Quanto a isso, e tudo o mais em sua vida pessoal, comportou-se sempre de maneira extremamente digna.

Infelizmente sua produção intelectual, marcada pelo espírito cartesiano, é de um panteísmo radical (sua idéia básica é a de que Deus e os processos da natureza são uma coisa só). Ele desdenha da ética de Jesus, altruística, fundamentando a sua em um egoísmo que julga inevitável e justificável.

Schopenhauer (1788-1860, Artur)

Filósofo alemão. Foi um homem atormentado, infeliz e neurótico, que dormia com um revólver sob o travesseiro e não deixava ninguém barbeá-lo, porque tinha medo de ser degolado.

Alguém já afirmou que sua obra é a "antologia do infortúnio", porque consagra o sofrimento como a essência da vida humana.

Seu pensamento filosófico, de total pessimismo, mas exposto com fascinante talento literário, baseia-se na representação e no conceito de força, achando que a vontade é o *substratum* deste nosso mundo fenomenal.

NIETZSCHE (*1844-1900, Frederico*)
Filósofo também alemão, tido como o papa do niilismo (sistema de pensamento anarquista, que nega toda e qualquer crença, achando, como já disse alguém, que "tudo vale nada e o resto vale menos..."). Seu pensamento, inteiramente individualista, exalta o egoísmo, propondo que o homem transforme-se em um super-homem, isto é, um ser superior aos seus semelhantes. Foi tal doutrina que inspirou o nazismo.
Nietzsche morreu louco, mas ainda hoje é enaltecido em círculos acadêmicos pelos ateus cultos que se disfarçam como agnósticos.

KANT (*1724-1804, Emanuel*)
Filósofo igualmente alemão. Escreveu numerosas obras: além das duas mais expressivas que já citamos, uma *História universal da natureza* e uma *Metafísica dos costumes*.
Sua tese talvez central, defendida com singular brilhantismo, é a de que para construirmos uma ciência válida necessitamos conhecer *a priori* os objetos da experiência, o que só é possível pela idéia pura, como postulava Platão.

Kant foi um homem de personalidade invejável, pelo saber e pelo caráter. Fez opção pela filosofia na mocidade, e viveu somente para a filosofia durante os oitenta anos da sua vida, renunciando a tudo o mais. Era tão disciplinado que os vizinhos, dizem, acertavam os seus relógios quando o viam sair de casa.

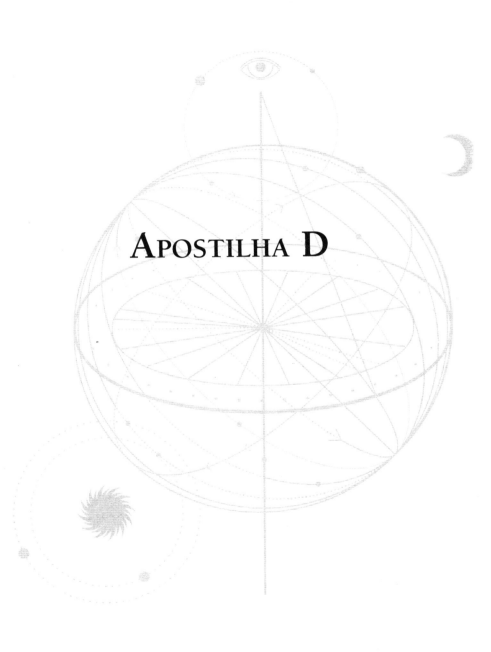

APOSTILHA D

Aula iv – A filosofia espírita em particular – I

A) Existência de Deus e seus atributos;

1. Entrando agora na abordagem específica na nossa filosofia, depois de uma breve e imprescindível digressão pela filosofia em geral, voltemos ao assunto da Aula II, aprofundando a sua análise com subsídios da Codificação de Allan Kardec.

2. A doutrina espírita não é uma filosofia especulativa, e sim afirmativa. Ela afirma a existência de Deus como *"inteligência suprema, causa primária de todas as coisas"* (*O livro dos espíritos*, questão nº 1). E não fica por aí: confere a Deus os atributos de *eterno, imutável, imaterial, único, onipotente, soberanamente justo e bom* (questão nº 13 da mesma obra).

Deus, portanto, na concepção da filosofia espírita, não é a natureza, é o Criador da natureza, e não deve ser confundido com a lei ou as leis da natureza, pois se encontra acima de tudo que existe, como seu Autor. Não se pode confundir o autor com a obra, explica Kardec ao fim do capítulo I de *O livro dos espíritos*.

3. Quanto ao *panteísmo* e seus derivados, como o *pantiteísmo*, *panenteísmo* e outras vertentes do pensamento monista, cumpre-nos ter em vista os seguintes ensinamentos de *O livro dos espíritos*:[1]

> – Deus é um ser distinto, ou será, como opinam alguns, a resultante de todas as forças e de todas as inteligências do Universo reunidas?
>
> – *Se fosse assim, Deus não existiria, porquanto seria efeito e não causa. Ele não pode ser ao mesmo tempo uma e outra coisa.*
>
> *Deus existe; disso não podeis duvidar e é o essencial. Crede-me, não vades além. Não vos percais num labirinto donde não lograríeis sair. Isso não vos tornaria melhores, antes um pouco mais orgulhosos, pois que acreditaríeis saber, quando na realidade nada saberíeis. Deixai, conseguintemente, de lado todos esses sistemas; tendes bastante coisas que vos tocam mais de perto, a começar por vós mesmos. Es-*

---
[1] Foi utilizada a tradução de Guillon Ribeiro, em edição da FEB.

tudai as vossas próprias imperfeições, a fim de vos libertardes delas, o que será mais útil do que pretenderdes penetrar no que é impenetrável. (Questão nº 14)

— Que se deve pensar da opinião segundo a qual todos os corpos da natureza, todos os seres, todos os globos do universo seriam partes da Divindade e constituiriam, em conjunto, a própria Divindade, ou, por outra, que se deve pensar da doutrina panteísta?
— *Não podendo fazer-se Deus, o homem quer ao menos ser uma parte de Deus.* (Questão nº 15)

4. Como vimos, Deus é um Ser distinto da sua Criação, cuja natureza íntima não podemos compreender, (questão nº 210 de *O livro dos espíritos*).
Na questão seguinte da citada obra, de nº 11, lemos:

— Será dado um dia ao homem compreender o mistério da Divindade?
— *Quando não mais tiver o espírito obscurecido pela matéria. Quando, pela sua perfeição, se houver aproximado de Deus, ele o verá e compreenderá.*

5. Como ainda vivemos presos à matéria, e estamos longe de conquistar uma perfeição que nos aproxime de Deus, temos de nos contentar em concebê-lo como nosso Pai, consoante aos ensinos de Jesus, o que nos colocará em satisfatória relação afetiva com Ele.

6. Todas as lucubrações intelectualistas sobre a natureza íntima de Deus, portanto, que estão sendo propagadas no movimento espírita brasileiro entram em choque com os ensinamentos da obra de Allan Kardec. O Codificador do espiritismo foi cauteloso ao tratar deste difícil assunto. Referindo-se ao problema do milagre, por exemplo, escreveu:

> De nenhuma forma entra em nossas cogitações indagar se Deus há julgado útil, em certas circunstâncias, derrogar as leis que Ele próprio estabelecera; nosso fim é, unicamente, demonstrar que os fenômenos espíritas, por mais extraordinários que sejam, de maneira alguma derrogam essas leis, que nenhum caráter têm de miraculosos, do mesmo modo que não são maravilhosos ou sobrenaturais. (*O livro dos médiuns*, capítulo II, item 15)[2]

---

[2] Foi utilizada a tradução de Guillon Ribeiro, em edição da FEB

7. Camille Flammarion, o mais ilustre cientista da história do espiritismo que conviveu com Allan Kardec, prestigiando a sua obra doutrinária nascente, em seu livro clássico *Deus na natureza*, página 377 (5§, edição da FEB), concebe Deus como *"força viva e pessoal"*. Situar Deus como *impessoal* significa despojá-lo da condição de SER, transformando-o em mera COISA e retirando-lhe os atributos de SENHOR da Vida. Este erro está sendo cometido, nos dias presentes, por alguns eminentes autores espíritas brasileiros.

B) A criação divina.

8. Sobre a criação divina, igualmente temos de nos contentar com a impossibilidade de compreendê-la, no atual estágio da nossa evolução. A filosofia espírita expressa sua honestidade ao nos ofertar estes dois esclarecimentos:

– É dado ao homem conhecer o princípio das coisas?
– *Não, Deus não permite que ao homem tudo seja revelado neste mundo.*

– Penetrará o homem um dia o mistério das coisas que lhes estão ocultas?
– *O véu se levanta a seus olhos, à medida que ele se depura; mas, para compreender*

certas coisas, são-lhe precisas faculdades que ainda não possui. (Questões n⁰ˢ 17 e 18 de *O livro dos espíritos*)

9. A honestidade da filosofia espírita, reconhecendo sua incapacidade de explicar tudo, chega a ser comovente nesta última frase da resposta à pergunta nº 242 de *O livro dos espíritos*: *"Mas, nem tudo os Espíritos sabem, a começar pela sua própria criação"*.

10. É esta postura honesta que torna a filosofia espírita respeitável perante as pessoas inteligentes, porque fora dela o que existe são divagações especulativas, como o monismo, que não aceitamos em face deste ensinamento doutrinário:

— Há então dois elementos gerais do Universo: a matéria e o Espírito?
— *Sim e acima de tudo Deus, o criador, o Pai de todas as coisas*. (Primeira frase da resposta à pergunta nº 27 de *O livro dos espíritos*)

No comentário de Allan Kardec à resposta dada à pergunta nº 28 de *O livro dos espíritos*, lemos:

Um fato patente domina todas as hipóteses: vemos matéria destituída de inteligência e vemos um princípio inteligente que independe da matéria. A origem e a conexão dessas duas coisas nos são desconhecidas. Se promanam ou não de uma só fonte; se há pontos de contato entre ambas; se a inteligência tem existência própria, ou é uma propriedade, um efeito; se é mesmo, conforme a opinião de alguns, uma emanação da Divindade, ignoramos. Elas se nos mostram como sendo distintas; daí o considerarmo--las formando os dois princípios constitutivos do Universo. Vemos acima de tudo isso uma inteligência que domina todas as outras, que as governa, que se distingue delas por atributos essenciais. A essa inteligência suprema é que chamamos Deus.

11. Dentro da sua honestidade a filosofia espírita apresenta-se com as seguintes características:

- não é especulativa, é afirmativa, embora não dogmática (configura-se em uma doutrina aberta ao livre exame);
- não é de origem humana, nasceu de revelações espirituais;
- não se baseia em teorias isoladas, e sim em informações sancionadas pela universalidade do ensino dos espíritos;

- não se apoia em textos bíblicos, e sim em fatos comprovados;
- não é proselitista, esclarece e conforta sem catequizar;
- não é sectária, respeita todas as outras correntes de pensamento, tendo apenas o cuidado de não se mesclar com elas a fim de preservar a sua identidade;
- não é confusa nem difusa, pode ser compreendida, em sua essencialidade, por qualquer pessoa, culta ou iletrada;
- não endossa o profissionalismo ideológico, esperando que os seus adeptos procurem servi--la desinteressadamente;
- não é proibitiva, informa sem impor;
- não busca outro fim senão a fé raciocinada, que haverá um dia de conciliar a ciência com a religião.

12. Entendendo corretamente a filosofia kardequiana, o espírita...

- será estudioso sem ser presunçoso;
- será idealista sem ser fantasista;
- será coerente sem ser intransigente;
- será religioso sem ser religiosista;
- será popular sem ser vulgar;
- será conformado sem ser conformista;
- será entusiasmado sem ser exaltado;

- será moralizado sem ser moralista;
- será racional sem ser radical;
- será bom sem ser bobo.

13. As dez características da filosofia espírita e do verdadeiro espírita, que constam dos dois últimos itens, não representam textos inéditos. Figuram no livro *Relações humanas nos centros espíritas*, de nossa autoria.

C) Ilustração

Eis a seguir alguns exemplos, ou provas, das *lucubrações intelectualistas* que *estão sendo propagadas no movimento espírita brasileiro*, e que infelizmente – sobretudo porque partem de companheiros de crença respeitáveis, pela cultura e pelo caráter –, *entram em choque com os ensinamentos da obra de Allan Kardec:*

Trechos de dois parágrafos de um artigo publicado na revista A Reencarnação, *da Federação Espírita do Rio Grande do Sul –* FERGS, *edição do 2º semestre de 1993, de nº 407, ineiramente dedicada ao tema "Deus":*

> 1º – Claro que falo muito de Deus naquilo que escrevo, mas nunca me arrisco ou me atrevo a analisá-lo como objeto de especulação teológica ou filosófica. Gosto de

estudar o mecanismo das suas leis e a sabedoria delas. Agora, se Deus é imanente ou transcendente, se a sua natureza é desta ou daquela maneira, o que ele pensa, porque faz isto ou aquilo, não é coisa que me ocupe os momentos de meditação.

2º – No dizer dos espíritos, Deus é a "inteligência suprema". Como também ensinaram que o espírito é a individualização do princípio inteligente, podemos concluir que somos todos partículas inteligentes dessa inteligência infinitamente maior.

Observação sobre o primeiro trecho: segundo a filosofia espírita, Deus não "é imanente ou transcendente", e sim tanto imanente quanto transcendente, pois está em toda a natureza, sua obra, e acima dela, já que é o seu Autor ou Criador. A doutrina é muito clara a respeito deste assunto, e tem mais: ele merece ocupar os nossos "momentos de meditação".

Observação sobre o segundo trecho: não podemos concluir que somos 'partículas' de Deus, porque partículas são partes pequenas que, juntas, formam o todo. Nós não formamos Deus; isto é panteísmo puro, e já vimos o que a respeito do assunto os espíritos disseram a Kardec: "Não podendo fazer-se Deus, o homem quer ao menos ser uma parte de Deus". (Resposta à pergunta nº 15 de *O livro dos espíritos*.)

Trecho de um parágrafo de outro artigo publicado na mesma revista:

> O ser por excelência, fonte de todos os seres, Deus, ao mesmo tempo uno e trino, essência, substância e vida, no qual se fundamenta todo o Universo.

Observação: Este disparate dispensa comentário. A própria *Revista* colocou ao fim do referido artigo a seguinte *Nota da redação*:

> A guisa de esclarecimento, informamos que a doutrina espírita não adota nem endossa o dogma da Santíssima Trindade.

Trecho final de mais um artigo publicado na mesma Revista:

> O espiritismo contribui poderosamente nesse sentido, com o seu conceito de Causa Primeira, Inteligência Suprema, providencial, mas não na ingênua formulação personalizada, porém através de um conjunto de leis naturais as quais regulam, com absoluta

harmonia, tanto o universo exterior como o interior do homem – que, na verdade, não estão separados.

Observação: o conceito de Deus da filosofia espírita, situando o Criador como *inteligência suprema, causa primária de todas as coisas*, não define Deus como "conjunto de leis naturais as quais regulam, com absoluta harmonia, todo o universo". E, se não concebe Deus através de uma "ingênua formulação personalizada", confere a Ele todas as perfeições que podemos imaginar, inclusive a qualidade de ser *onipotente e soberanamente justo e bom*. Deus, portanto, para nós, não é o conjunto das leis naturais, e sim o Senhor Absoluto de tais leis, que pode até alterar se quiser, pois tem uma Vontade, uma vez que é um SER e não uma COISA.

Trecho de um parágrafo de artigo publicado no jornal Voz do Espírito, *de novembro-dezembro de 1996.*

O subtítulo do artigo do caro Serrano traz o ranço da Igreja, quando destaca – "como nós, os extraterrestres são também filhos de Deus". "Deus é pai" tresanda a um clericalismo que nós espíritas deveríamos abolir, posto que o conceito de paternidade não cabe às posições científicas da existência dos seres e das coisas, que, segundo os fundamentos energéticos, têm a mesma origem...

Observação: o conceito de paternidade de Deus não é só da Igreja, que, neste ponto em particular, assume o ensinamento de Jesus; é também dos espíritos que nos legaram a doutrina codificada por Allan Kardec. Não nos interessa saber se ele cabe em posições científicas, porque Deus é assunto de filosofia, e não de qualquer ciência.

Primeira frase de um parágrafo de um artigo do mesmo autor, publicado no Jornal Espírita, *de dezembro de 1996.*

Deus, o verdadeiro Criador do Universo, não intervém na vida das criaturas.

Observação: se Deus não intervém na nossa vida, para que Ele nos serve?

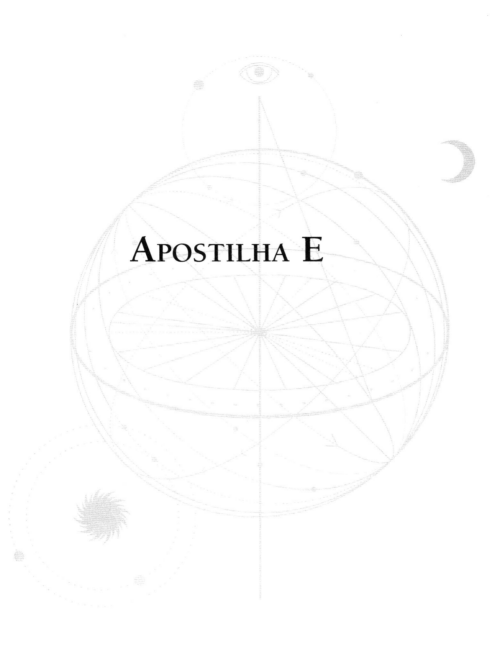

APOSTILHA E

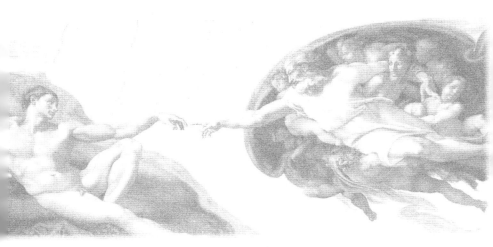

Aula v – A filosofia espírita em particular – II

D) O ser espiritual (ou o ser em si)

1. Ainda não é fácil para nós a perfeita compreensão do ser espiritual, do ser em si mesmo, mas já podemos entender, pelo menos em parte, a sua natureza íntima, que não é igual a de Deus, mas necessariamente reflete algo do Criador.

Eis os ensinamentos principais da filosofia espírita a respeito deste difícil assunto, de acordo com *O livro dos espíritos*:

> – Que é o Espírito?
> – *O princípio inteligente do Universo.*
> a) – Qual a natureza íntima do Espírito?
> – *Não é fácil analisar o Espírito com a vossa linguagem. Para vós, ele nada é, por não*

ser palpável. Para nós, entretanto, é alguma coisa. Ficai sabendo: coisa nenhuma é o nada e o nada não existe. (Questão nº 23)

— Espírito é sinônimo de inteligência?

— A inteligência é um atributo essencial do Espírito. Uma e outro, porém, se confundem num princípio comum, de sorte que, para vós, são a mesma coisa. (Questão nº 24)

— Pode estabelecer-se uma linha de separação entre o instinto e a inteligência, isto é, precisar onde um acaba e começa a outra?

— Não, porque muitas vezes se confundem. Mas, muito bem se pode distinguir os 'atos que decorrem do instinto dos que são da inteligência. (Questão nº 74)

— É acertado dizer-se que as faculdades instintivas diminuem à medida que crescem as intelectuais?

— Não: o instinto existe sempre, mas o homem o despreza. O instinto também pode conduzir ao bem. Ele quase sempre nos guia e algumas vezes com mais segurança do que a razão. Nunca se transvia.

a) – Por que nem sempre é guia infalível a razão?

— Seria infalível, se não fosse falseada pela má educação, pelo orgulho e pelo egoísmo. *Instinto não raciocina; a razão permite a escolha e dá ao homem o livre-arbítrio.* (Questão nº 75)

E) O ser humano (neste mundo e em outros)

2. Mais fácil do que compreendermos o ser espiritual, o ser em si mesmo, é entendermos o ser humano, ou seja, o ser espiritual neste mundo e nos outros. Quanto a isto, eis o que mais nos interessa saber como espíritas, de acordo com os ensinos de O livro dos espíritos:

> – Têm algumas pessoas, verdadeiramente, o poder de curar pelo simples contacto?
> – *A força magnética pode chegar até aí, quando secundada pela pureza dos sentimentos e por um ardente desejo de fazer o bem, porque então os bons Espíritos lhe vem em auxílio.* (Primeira frase da resposta à pergunta nº 556)
> – Só os Espíritos elevados desempenham missões?
> – *A importância das missões corresponde às capacidades e à elevação do espírito. O estafeta que leva um telegrama ao seu destinatário também desempenha uma perfeita missão, se bem que diversa da de um general.* (Questão nº 571)

– Os seres a que chamamos anjos, arcanjos, serafins, formam uma categoria especial de natureza diferente da dos outros Espíritos?

– *Não; são Espíritos puros; os que se encontram no mais alto grau da escala e reúnem todas as perfeições.* (Questão nº 128)

– Há demônios, no sentido que se dá a esta palavra?

– *Se houvesse demônios, seriam obra de Deus. Mas, porventura, Deus seria justo e bom se houvesse criado seres destinados eternamente ao mal e a permanecerem eternamente desgraçados?* (Primeira frase da resposta à pergunta nº 131)

– As almas que devem unir-se estão, desde suas origens, predestinadas a essa união e cada um de nós tem, nalguma parte do Universo, sua metade, a que fatalmente um dia se reunirá?

– *Não; não há união particular e fatal de duas almas. A união que há é a de todos os Espíritos, mas em graus diversos, segundo a categoria que ocupam, isto é, segundo a perfeição que tenham adquirido. Quanto mais perfeitos, tanto mais unidos. Da discórdia nasce todos os males dos humanos; da concórdia resulta a completa felicidade.* (Questão nº 298)

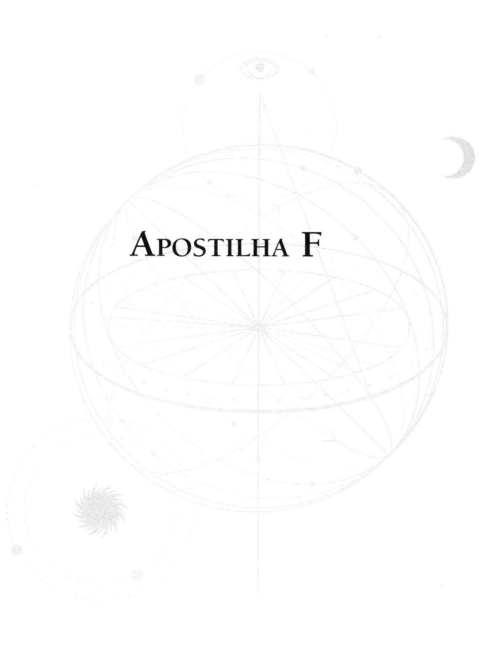

APOSTILHA F

Aula VI – A filosofia espírita em particular – III

F) As principais leis da vida (evolução, causa e efeito, reencarnação)

1. A filosofia espírita se alicerça, acima de tudo, em uma concepção racional da existência de Deus, como se vê pela questão nº 4 de *O livro dos espíritos*, a seguir reproduzida:

> – Onde se pode encontrar a prova da existência de Deus?
> – *Num axioma que aplicais às vossas ciências. Não há efeito sem causa. Procurai a causa de tudo o que não é obra do homem e a vossa razão responderá.*

(Podemos dizer aos materialistas ateus que, se o mundo veio do acaso, é a este *acaso* que chamamos de *Deus*. E ainda podemos dizer a eles que o mundo não veio do *nada* porque, se tivesse vindo, o nada seria *alguma coisa* e, sendo alguma coisa, não seria o nada.)

2. Em segundo lugar, a filosofia espírita se alicerça na concepção cristã da natureza de Deus, tendo-o como nosso Pai e Senhor absoluto da vida, infinitamente sábio, justo e amoroso.

3. Em terceiro lugar, a filosofia espírita se alicerça na crença cientificamente comprovada da imortalidade da alma, que, depois da morte do corpo físico, se comunica com os seres deste mundo.

4. Firmada neste alicerce triangular, a construção teórica da filosofia espírita ergue-se sobre três pilastras: a lei da evolução espiritual, a lei de causa e efeito moral, e a lei da reencarnação.

Estas três leis se articulam e sustentam mutuamente, por isso são indissociáveis: se uma delas pudesse ser derrubada, o edifício teórico da filosofia espírita cairia por terra.

A *lei da evolução espiritual* ensina que estamos sempre progredindo na direção do aperfeiçoamento íntimo, único caminho para a felicidade. Podemos ficar estacionários por algum tempo na marcha do progresso, porém nunca podemos retrogradar, perder o avanço conquistado, tornando-nos pior do que somos.

O processo de aperfeiçoamento do ser espiritual subordina-se à *lei de causa e efeito*: toda ação decorrente do livre-arbítrio individual gera uma reação boa ou má para o progresso do Espírito, que se concretiza através da sua ligação com a matéria, ou seja, das suas existências sucessivas que constituem também uma *lei*, a da *reencarnação*. Quanto a isto, o ensinamento da filosofia espírita é enfático e objetivo, de uma clareza solar. Ei-lo:

– Têm necessidade de encarnação os Espíritos que, desde o princípio, seguiram o caminho do bem?

– *Todos são criados simples e ignorantes e se instruem nas lutas e tribulações da vida corporal. Deus, que é justo, não podia fazer felizes a uns, sem fadigas e trabalhos, conseguintemente sem mérito.*

a) – Mas, então, de que serve aos Espíritos terem seguido o caminho do bem, se isso não os isenta dos sofrimentos da vida corporal?

– *Chegam mais depressa ao fim. Demais, as aflições da vida são muitas vezes a conseqüência da imperfeição do Espírito. Quanto menos imperfeições, tanto menos tormentos. Aquele que não é invejoso, nem ciumento, nem avaro, nem ambicioso, não sofrerá as torturas que se originam desses defeitos.* (Questão nº 133 de *O livro dos espíritos*)

5. As doutrinas filosóficas de Pietro Ubaldi e Jean-Baptiste Roustaing, consequentemente, são antiespíritas, porque defendem a teoria da queda do espírito no processo evolutivo, validando a tese católica dos *anjos decaídos*, que se liga à lenda do *pecado original*. Para estes dois autores a evolução espiritual não é uma *lei*, pois os espíritos podem retrogradar por rebeldia diante da Divindade, e somente por causa disso encarnam pela primeira vez, sendo, portanto a encarnação, e a reencarnação, um *castigo* de Deus para alguns espíritos, e não uma *lei* natural destinada a todos, como ensina a obra de Allan Kardec, para a qual Deus não castiga, apenas protege e ampara.

6. A doutrina monista de Pietro Ubaldi já não cria grandes problemas para o nosso movimento ideológico, porque a Federação Espírita Brasileira, depois de publicar o livro mais famoso deste autor italiano, *A grande síntese*, desentendeu-se com ele, que veio morar no Brasil, não mais divulgando o seu pensamento filosófico. Mas a doutrina docetista de Jean-Baptiste Roustaing, contemporânea de Kardec (o docetismo, querendo semidivinizar Jesus, lhe atribui um corpo fluídico, tornando-o diferente dos seres humanos), continua prejudicando o nosso movimento ideológico, porque a Federação Espírita Brasileira, em razão de um dispositivo estatutário e do misticismo da maioria dos seus dirigentes, ainda hoje insiste em propagar

as concepções roustainguistas, contrárias às kardequianas.

7. Estamos em condições de provar documentalmente, a quem se interessar por isso, que a obra *Os quatro evangelhos*, de Jean-Baptiste Roustaing, é uma grosseira mistificação que tenta minar as bases da filosofia espírita. Faremos isso adiante.

G) O princípio da solidariedade

8. Estruturada nos princípios básicos que acabamos de expor, a filosofia espírita escoa para o princípio geral da solidariedade entre os seres criados por Deus, configurando-se como uma doutrina eminentemente ética. Seu conteúdo moralizante, contudo, não endossa o discurso moralista que geralmente é feito em seu nome, preconceituoso e demagógico, proibindo as pessoas de fazerem isto e aquilo. Eis o que ensina a questão nº 642 de *O livro dos espíritos*:

> – Para agradar a Deus e assegurar a sua posição futura, bastará que o homem não pratique o mal?
> – *Não; cumpre-lhe fazer o bem no limite de suas forças, porquanto responderá por todo o mal que haja resultado de não haver praticado o bem.*

Precisamos, pois, ter muito cuidado com o puritanismo dominante em nossos ambientes doutrinários, porque, já nos foi dito, o maior mal é o bem que deixamos de fazer.

9. Insistimos em salientar que o conteúdo moralizante da filosofia espírita resulta do bom-senso e se funda no altruísmo, em contraposição ao egoísmo.

10. O bom-senso é um composto de senso *crítico*, senso *prático* e senso de *humor*.

Com o senso crítico nos guiamos pelo raciocínio lógico, analisando os fatos do nosso relacionamento com os demais seres.

Com o senso prático nos guiamos pela intuição ou instinto, escolhendo o que mais nos convém em cada situação.

Com o senso de humor nos guiamos pelo sentimento ou afetividade, de maneira prazerosa ou desconfortável.

Necessitamos cultivar e reunir estes três sensos para ter bom-senso.

E só tendo bom-senso nortearemos, de maneira correta, nossos pensamentos e ações diante das leis da vida, tornando-nos solidários com os outros seres.

11. Os outros seres não devem significar para nós o 'inferno', como sugere a filosofia existencialista de Sartre. Devem significar o 'céu', porque somente nos doando ao próximo nos encontraremos

conosco mesmos, superando a crise da *angústia existencial*. Tal angústia nada mais é do que solidão, e solidão nada mais é que amor não partilhado.

12. Nosso problema individual é que somos uma semente do amor de Deus, e ainda não crescemos o bastante para produzir, como árvore, as flores e os frutos do amor divino. Unicamente isso representará a realização do nosso destino. Cumpre-nos, por isso, transcender do egoísmo para o altruísmo, como o fez Jesus, que segundo a questão nº 625 de *O livro dos espíritos* foi o guia *mais perfeito* oferecido por Deus aos espíritos encarnados neste mundo de provas e expiações.

Nota: Aos confrades que acharem polêmica a orientação do presente curso, um lembrete: Allan Kardec, na *Revista Espírita* de novembro de 1858, escreveu estas palavras:

> Entretanto há polêmica e polêmica. Há uma ante a qual jamais recuaremos – é a discussão séria dos princípios que professamos.

H) ILUSTRAÇÃO

Dissemos, no item 6 desta Apostilha, que a doutrina docetista de Jean-Baptiste Roustaing, adotada pela Federação Espírita Brasileira, prejudica o nosso movimento ideológico, e logo a seguir ressaltamos, no item 7, que a obra *Os quatro evangelhos*, onde tal doutrina é exposta, não passa de grosseira mistificação. Provemos isto para os interessados no assunto. A obra em tela, em sua 6ª edição, feita pela FEB no ano de 1983, em quatro volumes, é apresentada pelo seu tradutor, Guillon Ribeiro, que diz ser ela:

1. "...*obra incomparável, única até hoje no mundo.*"

E diz mais:

> Nela se encontra toda uma revelação de verdades divinas que ainda em nenhuma outra fora dado ao homem entrever.

Isto significa que a obra de Allan Kardec é de categoria inferior.

2. Nas páginas 58, 59 e 60 do Volume I, Roustaing informa que tomou conhecimento dos fenômenos espíritas lendo *O livro dos espíritos* e *O livro dos médiuns*, em janeiro de 1861, quando se restabelecia de "prolongada enfermidade".

Na página 64, confessa que em junho do mesmo ano já estava se dedicando diariamente a "trabalhos assíduos" de natureza mediúnica, invocando não só os espíritos do seu pai e do seu guia, mas também de João Batista.

Isto significa que ele era um homem precipitado e fanático, um tipo perfeito para ser vítima de espíritos mistificadores.

3. Na "Introdução" da sua obra, Roustaing a denomina de "Revelação da revelação" mais de vinte vezes (pp. 69, 70, 77, 80, 82, 84, 86, 94, 106, 110, 111, 112, 115, 116, 117, 118, 119, 120 e 122 do Volume I). Acontece que, quando Roustaing lançou a sua obra, Kardec ainda não tinha completado a sua, considerada como a terceira revelação de Deus aos homens.

Por que a espiritualidade superior trocaria Kardec por Roustaing?

4. Roustaing também chama a sua obra de "Nova Revelação" (pp. 69, 70, 79, 80, 82, 84, 86, 106, 110, 115 e 117 do Volume I).

Quer dizer: antes de ser completada, a Revelação codificada por Allan Kardec já estava velha!...

5. *Deslealdade.*

Roustaing pegou Kardec de surpresa ao lhe oferecer já impressa a sua obra, *Os quatro evangelhos*.

O primeiro volume trazia, encimando o título, as palavras "espiritismo cristão", dando a entender que o espiritismo codificado por Allan Kardec não era cristão. No entanto, o Codificador já havia escrito em *O livro dos médiuns*, capítulo XXIX, item 350, estas palavras:

> A bandeira que desfraldamos bem alto é a do *espiritismo cristão e humanitário*.

6. Nas páginas 317, 318 e 320 do volume I, Roustaing copia, entre aspas, ensinamentos de Kardec, retirados da *Revista Espírita* de junho de 1863 (parágrafos 5º e 6º do artigo intitulado "Do princípio da não retrogradação do Espírito"), escondendo este golpe baixo, aético, e fornecendo munição para os seus 'guias' atirarem contra o pensamento kardequiano ("Que é o que devemos pensar da opinião...?", perguntava ele, sem registrar que a opinião era de Allan Kardec.)

7. Plágio

Na página 430 do Volume I, dizem os 'guias' de Roustaing:

> Essas palavras do Mestre são o seguimento do que explicamos no nº 78. Não basta ao homem abster-se do mal, cumpre-lhe praticar o bem.

Em *O livro dos espíritos*, questão nº 642, Kardec já havia escrito :

> – Para agradar a Deus e assegurar a sua posição futura, bastará que o homem não pratique o mal?

— Não; cumpre-lhe fazer o bem no limite de suas forças, porquanto responderá por todo o mal que haja resultado de não haver praticado o bem.

8. Mais plágio

Nas páginas 447 e 449 do Volume I, Roustaing tenta explicar, uma por uma, as frases da prece *Pai Nosso*, imitando exatamente o que Kardec fez ao fim de *O evangelho segundo o espiritismo*.

9. Heresia científica

Lê-se na página 76 do volume II:

> A paralisia é um resfriamento dos fluidos animalizados que circulam no organismo humano.

Ridícula ingenuidade.

10. Catolicismo

Eis um breve extrato da página 170 do volume II:

> Coragem, filhos da nossa igreja, da Igreja do Senhor, aproximam-se os tempos em que os discípulos e o Mestre aparecerão de novo entre vós, em que vossos olhos desvendados verão o Justo nas nuvens do céu...

Na página 277 do volume II, Jesus é classificado como *Salvador* e como "órgão de Deus".

11. *Mais catolicismo*
Na página 440 do volume II, lemos:

> Quando o cetro do "príncipe da Igreja" houver cedido lugar ao cajado do viajor, quando a púrpura houver caído e o burel cobrir os ombros daquele a quem os homens chamam de "Santo Padre" e os dos "príncipes da igreja", o que sucederá, pois que todos hão de voltar à humildade de que jamais se deveriam ter apartado, então a fé, evolando-se dos vossos corações, se elevará grande e forte, para dominar ainda na Igreja do Cristo, e o sucessor de S. Pedro estenderá sua santa mão para abençoar o universo.

Na página 403 do volume III, lê-se:

> Homens, que praticais os ritos cristãos, não vos envergonheis de vos aproximar-vos da 'mesa santa', pois sejam quais forem as profanações a que ela tenha sido exposta, sempre a podeis santificar pelo sentimento com que dela vos avizinhar-vos. Não coreis de vir, curvada a fronte, prostrar-vos aos pés do sacerdote que vos apresenta a hóstia 'consagrada'.

12. *Contradição*

Na página 471 do volume II, é mencionada a presença de Moisés e Elias no monte Tabor em colóquio com Jesus transfigurado.

Na página 480 do mesmo volume está escrito:

> A presença de Moisés e de Elias nada teve que aberrasse dos fatos ordinários. Ambos estavam sempre junto de Jesus.

Na página 497 do dito Volume lemos:

> O que, porém, Jesus naquela ocasião não podia nem devia dizer e que agora tem que ser dito é o seguinte: Moisés – Elias – João Batista são uma mesma e única entidade. Estamos incumbidos de vos revelar isso...

E mais adiante na citada página:

> Sim, Moisés, Elias e João Batista são o mesmo Espírito encarnado três vezes em missão.

Pergunta: Como Moisés e Elias é o mesmo Espírito se Jesus conversou com ambos no monte Tabor ao mesmo tempo?

Para sair desta os 'guias' de Roustaing explicam, na página 498 do volume II, que:

[...] no Tabor, quando da transfiguração de Jesus, um Espírito superior, da mesma elevação que Elias e João, tomou a figura, a aparência de Moisés.

Acontece que antes, na página 480 do referido volume, está escrito que Moisés e Elias "estavam sempre junto de Jesus"!...
Desta gafe os 'guias' de Roustaing não têm saída, ficando a mistificação desmascarada.

13. *Absurdo*
Na página 527 do volume IV, justificando um massacre ordenado por Moisés, declaram os 'guias' de Roustaing:

> [...] Espíritos protetores, prepostos a vigiar as provas e expiações de cada um, para que elas se cumprissem, impelindo os culpados ou dirigindo as espadas dos que acutilavam, faziam que aqueles recebessem o golpe que os prostaria.

Eis aí os espíritos protetores transformados em assassinos.

14. *O problema maior*
Ao contrário do que no geral, os espíritas brasileiros pensam, a teoria do corpo fluídico de Jesus,

que não é de Roustaing, foi apenas encampada por ele, pois existe desde o século II do cristianismo, surgida nos meios católicos, não chega a afetar o fundamento filosófico do espiritismo. O pior na obra de Roustaing são estes dois erros doutrinários que atacam a nossa filosofia pela base:
Primeiro – Lê-se, na página 289 do volume I:

> O Espírito, na origem da sua formação, como essência espiritual, sai do todo universal.

A Codificação de Allan Kardec nos ensina na questão nº 81 de *O livro dos espíritos*, que os espíritos são criados pela *vontade de Deus* e que ainda é impossível sabermos *como* e *quando* Deus os *criou*, constituindo-se isso um mistério até mesmo para os seres superiores que nos transmitiram a doutrina espírita. (questão nº 78)

Tais seres superiores nos ensinaram, respondendo a pergunta nº 14 de *O livro dos espíritos*, quando foram inquiridos sobre a natureza essencial de Deus, que existem coisas que ainda não podemos compreender, e que devemos nos preocupar acima de tudo com as nossas imperfeições, a fim de nos libertar delas.

Segundo – Defendendo a tese de que Jesus nunca esteve encarnado, Roustaing assume a teoria católica dos "anjos decaídos", que justifica o "pecado original" e consequentemente a doutrina da "graça". Com isso nega a *lei* da encarnação e reencarnação, que constitui uma das três pilastras da filosofia espírita, associada à *lei* da evolução e à *lei* de causa e efeito.

Já vimos que para a filosofia espírita a reencarnação é uma necessidade. Sem ela o espírito não progride pelo seu próprio mérito e, portanto não merece ser feliz.

Para a doutrina de Roustaing, a encarnação, e consequentemente a reencarnação, não é necessária. A obra *Os quatro evangelhos*, toda psicografada por uma única médium, Emilie Collignon, é enfática neste ponto de fundamental importância. Na página 317 do volume I, declara expressamente:

> Não, a encenação humana não é uma necessidade, é um castigo, já o dissemos.

Os teóricos do catolicismo às vezes infiltrados em nosso meio, como Ubaldi e Roustanig, têm o maior interesse em menosprezar a lei da reencarnação, eixo em torno do qual gira a estrutura básica da filosofia espírita, porque ela destrói o dogma do inferno e das penas eternas, utilizado pela igreja romana para infundir o medo nas consciência que ainda não aprenderam a pensar, e assim dominá-las.

DADOS BIOGRÁFICOS DO AUTOR

Identificação:
Nome completo: Nazareno Bastos Tourinho
Data de nascimento: 06 de dezembro de 1934
Cidade onde nasceu: Belém do Pará
Residência: Rua Américo Santa Rosa, 103 Belém - Pará - Cep 66090-230
Telefones: (91) 3259-0132
Estado civil: Casado
Profissão: Jornalista

Livros Espíritas Publicados:
Gotas de espiritismo (1958 edição particular, esgotada).
O Cristo (1959, edição particular, esgotada).
O poder fantástico da mente (em parceria com Carlos Imbassahy, 1967, Editora Eco; 2001, Editora DPL).
Surpresas de uma pesquisa mediúnica (1981, Editora O Clarim).

Curiosidades de uma experiência espírita (1983, Editora O Clarim - o texto desta obra, e da precedente, o autor reuniu em um só volume, publicado pela DPL Editora).

Édson Queiroz, o novo Arigó dos espíritos (1983, Editora Correio Fraterno do ABC).

A ética espírita sem misticismo (1983, Editora Correio Fraterno do ABC).

A dramaturgia espírita (1991, Editora da FEB).

O trabalho* dos mortos e a tolice dos vivos (1993, Editora da FEESP).

Relações humanas nos centros espíritas (1994, Editora Correio Fraterno do ABC).

Kardec, Jesus e a filosofia espírita (1994, Editora da FEESP).

Carlos Imbassahy – o homem e a obra (1994, Editora da FEESP).

Críticas e reflexões em torno da moral espírita (1996. Editora Mnêmio Túlio).

Uma nova visão da mediunidade (1996, Editora da FEESP).

Caprichosa lição dos espíritos (1997, peça teatral. Editora EME).

A estranha loucura de Lorena Martinez (1997, peça teatral, Editora O Clarim).

Como o espírita deve pensar em Deus (1998, Editora da FEESP).

Retalhos de um atalho (1998, Editora Opinião E.).

As tolices e pieguices da obra de Roustaing (1999, Editora Correio Fraterno do ABC).
Noções fundamentais da filosofia espírita (2000, Editora da FEESP).
Experiências mediúnicas com crianças e adolescentes (2000, DPL Editora).
Minha doce casa espírita (2001, Editora DPL).
Surpresas e curiosidades de uma pesquisa mediúnica (2001, Editora DPL).
Padre Quevedo: de acusador anti-espírita a culpado (2001, DPL Editora).

Atividades Espíritas Mais Expressivas:

Presidiu a Comissão Científica do Congresso de Jornalistas e Escritores Espíritas realizado em Niterói, RJ, no ano de 1972.

Presidiu a Comissão de Jornalismo do mencionado Congresso realizado em Brasília, no ano de 1976.

Foi autor da proposta que elegeu a Mesa Diretora do dito Congresso realizado no Rio de Janeiro em 1979.

Presidiu uma das Comissões Julgadoras de Teses no mesmo Congresso realizado em Salvador-Bahia em 1982.

Foi conferencista do painel de Crítica Literária e coordenou uma Reunião de Estudo no referido Congresso levado a efeito em São Paulo no ano de 1985.

Fundou e dirige uma Casa Espírita em Belém do Pará.

Durante muitos anos escreveu na revista *Reformador*, da Federação Espírita Brasileira.

Escreveu regularmente durante anos no *Jornal Espírita,* publicado pela Federação Espírita do Estado de São Paulo, e no jornal *Correio Fraterna do ABC*, de São Bernardo do Campo, SP.

Seu livro *Édson Queiroz, o novo Arigó dos espíritos,* foi traduzido para o alemão e publicado pela Editora Verlag die Silberschnur, de Melsbach.

Foi um dos fundadores da ABRAJEE – Associação Brasileira de Jornalistas e Escritores Espíritas, tendo integrado sua primeira diretoria como diretor para a Região Norte.